S.Yth
16599

LA SOIRÉE ORAGEUSE,

COMÉDIE

En un Acte & en Prose, mêlée d'Ariettes;

Par M. RADET;

Musique de M. D'ALAYRAC;

Représentée pour la premiere fois par les Comédiens Italiens Ordinaires du Roi, le Samedi 29 Mai 1790.

___

Prix, 24 sols.

___

A PARIS,

Chez BRUNET, Libraire, rue de Marivaux; Place de la Comédie Italienne.

___

M. DCC. XC.

Personnages,	Acteurs,
Don CARLOS,	M. Chenard.
ROBERTO, ami de D. Carlos,	M. Solié.
CONSTANCE, sœur de D. Carlos,	Mlle Rose Renaud.
GEORGINO, Amant de Constance,	Mlle Carline.
INÈS, Suivante de Constance,	Mde S. Aubin.
ANGÉLINO, Valet de Roberto,	M. Trial.

Un Notaire, Personnage muet.

Troupe d'Alguazils.

La Scene est à Madrid, chez Roberto.

Le Théâtre repréfente un Sallon. A l'un des côtés est une cheminée ; les girandoles portent des bougies allumées ; au fond, en face du spectateur, une fenêtre qui s'ouvre ; elle a un balcon faillant sur la rue ; entre la cheminée & le fond, se trouve une porte ; vis-à-vis celle-ci, il y en a une autre qui est la porte de sortie. Ce Sallon doit être le moins profond possible.

LA SOIRÉE ORAGEUSE, COMÉDIE.

SCENE PREMIERE.

ROBERTO *seul, une lettre à la main.*

Quel homme que ce Don Carlos, pour être expéditif!.. Relisons sa réponse à ma lettre.... (*Il lit.*) Cadix.... & cétéra.

« D'après tout le mal que vous m'aviez écrit
» de l'époux qui se présentoit pour ma sœur....
(*s'interrompant.*) C'est une des choses les plus adroites que j'aie faites de ma vie.......
» (*Il lit.*) J'avois résolu de la laisser dans son
» Couvent. Vous me mandez que vous avez pour
» elle un autre parti, riche & sortable; tant
» mieux: vous êtes mon ami, je m'en rapporte
» à vous, & je ne fais aucune information....
(*s'interrompant.*) Oh! j'en étois sûr........
(*Il lit.*) » Mais finissons promptement. Vous

A ij

» recevrez ma lettre lundi à quatre heures,
» vous ferez venir Constance chez vous à cinq,
» j'arriverai à six, le Futur à sept, à huit le
» Notaire, à neuf nous aurons signé, & à dix
» je repars... Don CARLOS.

Assurément, il n'y a pas-là de tems perdu.

(*Il relit la fin de la lettre.*)

« J'arriverai à six, le Futur à sept, à huit le
» Notaire, à neuf nous aurons signé, & à dix
» je repars ».

Quel étrange caractère ! toujours allant, venant, courant..... brave homme, excellent Marin ; mais vif, impatient, incapable de se fixer nulle part.... il passe sa vie à partir & à arriver.... gardons-nous bien de le faire attendre..... (*Il regarde sa montre.*) Cinq heures moins un quart.... Bon.... Constance va venir, conduite par sa Bonne... (*Il parcourt la lettre.*) Le Futur à sept.... Il ne se doute guère que c'est moi.... je n'ai pas voulu me nommer.... mon âge auroit pu.... Il faut avouer que j'ai bien sagement conduit cette affaire.... Je veux épouser une fille qui ne m'aime pas, & qui en aime un autre.... Qu'est-ce que je fais ? J'écris au frere que cet Amant est un mauvais sujet.... Rien de plus vraisemblable. Je lui fais défendre les entrées du parloir, où il rendoit à Constance de fréquentes visites.... Rien de plus prudent. Je dis ensuite à celle-ci, que ce jeune homme, qu'elle ne voit plus, est un inconstant, qu'il aime ailleurs, que j'en suis sûr; je

suppose des preuves.... je suppose des preuves!....
elle me croit.... Rien de plus naturel. Par dépit,
elle va m'aimer.... Rien de plus conséquent.

AIR.

Fillette, qui dans la retraite
A passé ses premiers instans,
Renferme une flamme secrette
Qui s'annonce avec ses quinze ans;
Quel que soit l'Amant qui la presse,
Son cœur est ouvert au desir,
Et le premier mot de tendresse,
Fait naître le premier soupir.

Fillette, dont l'Amant parjure
A trahi les plus tendres feux,
Desire venger cette injure
En formant bientôt d'autres nœuds;
Quel que soit l'Amant qui la presse,
Son cœur est ouvert au plaisir,
Et le moindre mot de tendresse
Fera naître un nouveau soupir.

Fillette d'humeur peu traitable,
Avec moi tient-elle rigueur,
Je guette l'instant favorable
Qui bientôt s'offre à mon ardeur;
Ce n'est pas en vain que je presse;
Je sais m'emparer de son cœur,
Et le premier mot de tendresse,
Fait naître pour moi le bonheur.

Songeons à mes arrangemens pour ce soir.
(*Il appelle.*) Angélino.... Cela sera charmant, & cette petite marque d'attention.....

mais cet imbécile ne vient pas.... (*Il appelle plus fort.*) Angélino... Angélino... Si je ne vais pas le chercher, il n'arrivera jamais.

(*Il sort par la porte à côté de la cheminée, & Angélino entre par celle qui est du côté opposé.*)

SCENE II.

ANGÉLINO *seul. Il est chargé de bûches, d'un fagot, d'un houssoir, d'un grand balai à ôter les araignées, & d'un paquet de clefs. Il n'entre qu'après le premier couplet de sa chanson, & en la continuant, il dépose tout l'attirail dont il est affublé, & avec le grand balai, il néroye l'appartement du haut en bas.*

CHANSON *imitée d'une ronde Bordeloise.*

Auprès de Barcelonne,
Un soir me promenant,
J'ai rencontré Simonne
Au minois avenant.....
  On rit, on jase, on raisonne,
  On s'amuse un moment.

J'ai rencontré Simonne,
Au minois avenant :
Moi, d'humeur folichonne,
Je suis entreprenant.....
  On rit, on jase, on raisonne,
  On s'amuse un moment.

Moi, d'humeur folichonne
Je suis entreprenant;
J'acoste la friponne,
Et je lui dis gaîment.....
On rit, on jase, &c.

J'acoste la friponne,
Et je lui dis gaîment :
Il faut que l'on me donne
Un baiser sur le champ.....
On rit, on jase, &c.

(*Ici Roberto rentre ; il paroît surpris de voir Angélino, & referme la porte par où il est entré.*)

SCENE III.
ANGÉLINO, ROBERTO.

ANGÉLINO, *continuant sa chanson sur le devant de la Scene, sans voir Roberto.*

Il faut que l'on me donne
Un baiser sur le champ :
Au lieu de ça, Simonne
Me campe un soufflet... pan....

ROBERTO, *qui s'est approché doucement, lui donne un soufflet, au mot.... pan.*

Qu'est-ce que tu fais là ?
ANGÉLINO, *achevant tristement le couplet.*
On rit, on jase, on raisonne,
On s'amuse un moment.

ROBERTO, *voyant les bûches & le fagot qu'a apportés Angélino.*

Qu'est-ce que c'est que tout cela ?

ANGÉLINO.

Eh ! pardi, puisque Monsieur reçoit du monde ce soir, je viens faire du feu dans ce sallon.

ROBERTO.

Attendez qu'on en demande.

ANGÉLINO.

C'est que les soirées sont fraîches.

ROBERTO.

Attendez qu'on en demande.

ANGÉLINO, *montrant la cheminée.*

Je vais toujours mettre ça là.

ROBERTO.

Non, non.... là-bas.... sur l'escalier, près de la porte.... (*Tandis qu'Angélino y va.*) Ce cher Don Carlos.... Je serai bien aise de le voir.... Il va être un peu étonné de ma résolution.... mais, bon !.... lui éviter les détails, les embarras d'une pareille affaire, c'est un moyen sûr de lui être agréable... (*Il appelle.*) Angél...... (*En se retournant, il se trouve nez à nez avec Angélino, qui étoit debout derriere lui, & très-près.*)

ANGÉLINO.

Me voilà, Monsieur.

ROBERTO.

Ah!... Toutes les portes sont-elles fermées?

ANGÉLINO.

Oui, Monsieur. (*Montrant celle de l'escalier.*) Il n'y a que celle-ci d'ouverte dans toute la maison, & voilà les clefs. (*Il les lui donne.*)

ROBERTO.

Bon... tu es d'une lenteur dans tout ce que tu fais!...

ANGÉLINO.

Dame! Monsieur m'a commandé tant de choses.... il faut le tems.

ROBERTO.

Ma commission?

ANGÉLINO.

Aller, venir.... dedans, dehors.... du haut en bas.... nétoyer cette maison, qui en avoit grand besoin....

ROBERTO.

As-tu fait ce que je t'ai ordonné?

ANGÉLINO.

Vous voulez qu'elle soit propre aujourd'hui...

ça n'est pas aisé. (*Roberto fait un mouvement d'impatience.*) Et je suis seul pour tout ça, encore.

ROBERTO, *patienté.*

As-tu fait ce que je t'ai ordonné ?

ANGÉLINO, *avec humeur.*

Oui, Monsieur.

(*Pendant tout le reste de la Scene, il marmotte entre les dents.*)

ROBERTO.

Aurai-je ici, ce soir, tout ce qu'il me faut ?

ANGÉLINO.

Oui, Monsieur.

ROBERTO.

Tu as trouvé l'homme en question ?

ANGÉLINO.

Oui, Monsieur.

ROBERTO.

Qu'est-ce qu'il t'a dit ?

ANGÉLINO.

Oui, Monsieur.

ROBERTO, *le prenant par le bras.*

Qu'est-ce qu'il t'a dit ?

COMÉDIE.

ANGÉLINO.

Ah!.... ce qu'il m'a dit?

ROBERTO.

Aurai-je les dix Muſiciens?

ANGÉLINO.

Non pas.... Il a dit qu'avec l'argent que vous y vouliez mettre, c'étoit impoſſible;..... mais qu'il en auroit cinq, qui feroient du bruit comme quatre.

ROBERTO.

Hein?......

ANGÉLINO.

Comme dix.

ROBERTO.

A la bonne heure.... & le reſte?

ANGÉLINO.

Le reſte.... Il a dit que pour le prix, il ne pouvoit pas vous donner du neuf; mais qu'il avoit des couplets de haſard, & qu'il vous les feroit reſervir.

ROBERTO.

Mais enfin, ces couplets ſont-ils tels que je les ai demandés?

ANGÉLINO.

Oh! il a bien lu la lettre.... Il a dit qu'il

y avoit tout ce qu'il faut, & que Monsieur seroit content.

ROBERTO.

J'aurois pourtant été bien aise de les voir.

ANGÉLINO, *souriant.*

Oh ! Monsieur peut être tranquille.

ROBERTO.

Comment ?

ANGÉLINO.

Il me les a chantés, &... (*d'un ton capable*) ç'a ma paru joli.

ROBERTO.

Belle caution !

ANGÉLINO, *vivement & d'un air fâché.*

Caution !

ROBERTO.

Don Carlos ne peut tarder.... Lorsque ces Dames seront arrivées, je sortirai, & tu viendras avec moi.

ANGÉLINO.

Caution !

ROBERTO.

Paix !... on vient... ce sont elles.

ANGÉLINO, *murmurant.*

Ayez donc de l'esprit, donnez-vous donc bien de la peine..... Caution !

SCENE IV.

Les mêmes, CONSTANCE, INÈS.
(Constance est couverte d'un voile ou espèce de mante, qu'elle ôte en entrant.)

ROBERTO.

Tant de charmes, belle Constance,
Pour le Couvent ne sont pas faits,
Et ces lieux doivent désormais
S'embellir de votre présence.

INÈS, à Roberto.

Mais pourquoi donc si promptement
Nous faire sortir du Couvent?

ROBERTO.

Oh! c'est pour une bonne affaire,
Et par les ordres de son frere.

CONSTANCE.

Don Carlos.... il est à Madrid?

ROBERTO.

Dans peu vous le verrez ici.
Il vous aime bien, votre frere;
Il veut le bonheur
De sa sœur.

CONSTANCE.

Il m'a tenu lieu d'un bon pere,
Il a bien des droits sur mon cœur.

ROBERTO.

Vous apprendrez bientôt, ma chere,
Que ses bons sentimens pour vous,
Roberto les partage tous.
Mais cependant, chez moi soyez la bien-venue,
Et devenez ici la maîtresse absolue.

INÈS, à part.

La maîtresse absolue !

CONSTANCE, à part.

Que veut-il dire ?...

INÈS, à Roberto.

Expliquez-vous.

CONSTANCE, à Roberto.

Daignez m'éclaircir ce mystère.

ROBERTO.

Vous le saurez.

CONSTANCE.

Ici je verrai donc mon frere ?

ROBERTO.

Vous le verrez.

CONSTANCE.

Apprenez-moi....

INÈS.

Sachons pourquoi....

ROBERTO.

Tant de charmes, belle Constance, &c.
(*A part, mettant son manteau.*)
Chez mon Notaire il faut que j'aille ;

Mais auparavant je veux en secret
De ma sérénade observer l'effet.

INÈS, à *Roberto*.

Le manteau couleur de muraille,....
En bonne fortune?... Très-bien.

ROBERTO, *riant*.

Eh, eh, eh.... cela se peut bien.
  (*A part.*)
Ne les prévenons sur rien.

INÈS.

Mais, Monsieur est bien gai.

ROBERTO.

    J'ai mes raisons, peut-être.

CONSTANCE, INÈS, ANGÉLINO, *à part.*

D'où sa gaîté peut-elle naître?
Jamais il ne fut si joyeux.

ROBERTO, *gaîment*.

Ce soir, si je sais m'y connoître,
Il pourra m'arriver quelque chose d'heureux.
Tant de charmes, belle Constance, &c.

CONSTANCE, INÈS, *à part.*

  Hélas! hélas!
  Ce soir, là-bas,
Géorgino perdra ses pas,
Et nous ne le verrons pas.

ROBERTO.

Un instant
Je vais être absent.
Pardon, belle Constance;
Ici je reviendrai bientôt.

ANGÉLINO, *à Inès.*

Ayez un peu de patience,
Ici nous reviendrons bientôt.

CONSTANCE, INÈS.

Allez, Monsieur, en assurance;
Prenez tout le tems qu'il vous faut.
(*Roberto & Angélino sortent.*)

SCENE V.

CONSTANCE, INÈS.

CONSTANCE.

IL sort, & nous laisse seules dans cette maison, sans daigner nous apprendre pourquoi il nous y a fait venir.

INÈS.

Méditeroit-il quelque noirceur, comme celle dont nous avons déjà été dupes, & que nous ignorerions encore sans votre raccommodement avec Georgino, cet aimable enfant, qui vous aime de si bonne foi?

CONSTANCE.

COMÉDIE.

CONSTANCE.

Hélas ! forcée de quitter le couvent fans avoir pu en prévenir celui que j'aime, je ne le verrai peut-être plus.

INÈS.

Bah ! un petit efpiègle comme lui trouvera bientôt le moyen de découvrir où vous êtes.

CONSTANCE.

Et quand il le fauroit, pourroit-il....

INÈS.

Lui !... ah ! mon inquiétude n'eft pas de deviner comment il s'introduira ici ; mais bien feulement de favoir comment nous pourrons l'obliger à en fortir, s'il y parvient une fois.

CONSTANCE.

Pourquoi donc ?

INÈS.

Mademoifelle fait bien que pour nous en défaire, il falloit toujours le laiffer feul au parloir.... Dieu merci, quand il eft près de vous, il n'y a pas de raifons pour le forcer à s'en aller.

CONSTANCE.

Puis-je efpérer d'ailleurs que Don Carlos confente à m'unir à Georgino !

INÈS.

Que voudroit-on de mieux affortí ! Georgino vous convient en tout point : il dépend d'un oncle

B

qui ne demande qu'une occasion de le marier; la voilà. Votre frere, toujours pressé, ne veut pas prendre la peine de vous chercher un époux; nous en avons un tout trouvé; je vous assure qu'il en sera très-content, pourvu que le mariage puisse se conclure aussi-tôt qu'il sera proposé.

CONSTANCE.

Mais, prévenu contre Georgino par tout le mal que Roberto lui en a écrit....

INÈS.

Il sera bien aisé de prouver à Don Carlos que toutes ces imputations sont autant de calomnies... Ce jeune homme est si intéressant !

CONSTANCE.

Il est bien jeune !

INÈS.

Il est bien aimable.

CONSTANCE.

Bien étourdi......

INÈS.

Bien amoureux.

CONSTANCE.

Je ne sais; mais le caractère de Roberto, sa méchanceté qui ne nous est que trop connue, cette démarche précipitée, le mystere qui l'enveloppe.....Tout cela me donne une inquiétude....

COMÉDIE

INÈS.

Bon, bon! au lieu de nous affliger pour l'avenir, songeons bien plutôt à jouir du présent. Nous voilà hors du couvent, & c'est toujours une bien bonne chose ; car enfin, Mademoiselle....

AIR.

Il est des amusemens,
Des plaisirs dans la retraite,
Des plaisirs bien différens,
Et d'une gaîté parfaite ;
Colin-maillard, la climusette ;
Mille petits jeux innocens.
Oh ! c'est charmant pour une fille ;
Mais, je ne sais pas pourquoi,
Je n'aime point une grille
Entre mon Amant & moi.

Second Couplet.

Oh ! ce n'est pas sans espoir
Que tout bas le cœur soupire ;
En secret, matin & soir,
Aux échos on peut le dire,
De tems en tems on peut s'écrire,
Et se rencontrer au parloir.
Oh ! c'est charmant, &c.

Troisième Couplet.

Un Argus s'oppose en vain
Au plaisir qu'Amour sait prendre :
Il en est un bien certain,
Qu'on ne sauroit nous défendre.

On peut se voir, on peut s'entendre,
On peut se donner une main.
Oh ! c'est charmant, &c.

SCENE VI.

Les Mêmes, GEORGINO.

GEORGINO, *accourant.*

MA chere Constance !

CONSTANCE, *très-surprise.*

Ah !....Comment ici !

INÈS.

Ne vous l'avois-je pas dit ?

GEORGINO, *avec volubilité.*

J'allois au parloir comme de coutume ; j'ai vu partir votre voiture ; je l'ai suivie.... Quelques personnes s'arrêtent sous vos fenêtres ; je m'approche... Monsieur Roberto paroît sur la porte, il se détourne un instant pour leur parler.... eh vite, je me glisse ; je monte, & me voilà.

CONSTANCE.

Quelle folie !

INÈS.

Et s'il alloit rentrer !

GEORGINO.

Oh ! je n'ai pas peur.... j'ai vu des instru-

mens, de la lumiere ; le cher homme est occupé..
& puis, le hasard, les événemens.... & mon
étoile donc qui ne m'abandonne jamais.

INÈS.

Des instrumens !... de la lumiere !.... c'est
sûrement quelque galanterie dont Monsieur Roberto nous menace.

GEORGINO, à *Constance*.

Je mourois d'impatience de vous voir......
vous ne savez pas ? j'ai tout dit à mon oncle...
il approuve mon choix..il est enchanté.. il va
écrire à Don Catlos pour le désabuser sur mon
compte, & lui demander votre main pour moi.

CONSTANCE.

Je dépends de mon frere : puisse-t-il ne pas
s'opposer à notre bonheur !.. Mais vous ne pouvez pas rester ici... d'un instant à l'autre....

GEORGINO, *tendrement*.

Ma chere Constance, songez que c'est la premiere fois que je me trouve près de vous, sans
qu'une grille importune......

CONSTANCE.

Hélas !

GEORGINO.

Je puis donc toucher cette main, la presser
contre mon cœur, la couvrir de baisers.....

CONSTANCE.

Ah! Georgino.

(*On entend le commencement de la sérénade dans la rue, une ritournelle à grande prétention*).

GEORGINO.

Bravo!......Comment diable! c'est magnifique.....Qu'est-ce que c'est que ça?

CONSTANCE.

Je ne sais.

INÈS, *qui a ouvert la fenêtre*.

Vous l'entendez. Une sérénade que Monsieur Roberto nous donne.

GEORGINO, *sérieusement*.

Une sérénade...c'est fort bien...il sait que j'aime la musique....c'est un hommage qu'il a la bonté de me rendre, & auquel je suis on ne peut pas plus sensible.

CONSTANCE.

N'êtes-vous pas tenté d'aller l'en remercier?

INÈS.

Chut.... écoutons.

(*Pendant le morceau suivant, les deux Amans sont sur le devant de la scène, & paroissent se parler bas. Inès écoute près de la fenêtre.*)

Premier Couplet, chanté dans la rue.

Chantons l'Amour & ses plaisirs;
L'Amour est le Dieu du bel âge;

COMÉDIE.

Ce Dieu fait naître les defirs;
Mais il craint fur-tout l'efclavage.
Ah! fi l'Hymen eft férieux,
L'Amour eft vif, il eft joyeux,
L'Amour eft le Dieu du bel âge.

INÈS, *répétant.*

L'Amour eft le Dieu du bel âge.

Ensemble.

INÈS. CONSTANCE, GEORGINO.

Jouiffez de ces doux momens,	Jouiffons de ces doux momens;
L'Amour vous répond du myf- tere,	L'amour nous répond du myf- tère;
L'Amour protege les Amans	L'Amour protege les Amans
Dont la flamme eft toujours fin- cère.	Dont la flamme eft toujours fin- cère.

Second Couplet, chanté dans la rue.

Suivons l'Amour & fes plaifirs;
Amans, fuyez le mariage:
Il éteint bientôt les defirs;
Tout eft détruit par l'efclavage.
Si l'Amour eft vif & joyeux,
L'Hymen eft froid & férieux.
Amans, fuyez le mariage.

INÈS, *répétant.*

Amans, fuyez le mariage.

Ensemble.

INÈS. CONSTANCE, GEORGINO

| Jouiffez de ces doux momens, &c. | Jouiffons de ces doux momens, &c. |

Troisième Couplet, interrompu.

Laissons l'Hymen, faisons l'amour....

(*La sérénade est interrompue par un vacarme épouvantable d'instrumens culbutés & brisés, de gens que l'on rosse & dont on entend les cris.*)

INÈS.

Ah! mon Dieu....

CONSTANCE.

Quel bruit se fait entendre?

GEORGINO, *regardant par la fenêtre.*

Que vois-je?..... un homme en colere, un furieux brise les instrumens, frappe les Musiciens, les met en fuite.... Eh, bon Dieu!.. en voilà un sur lequel il s'acharne.... un pauvre diable enveloppé d'un manteau....

INÈS, *regardant aussi à la fenêtre.*

Voyons donc.... Eh mais, c'est comme le manteau de Monsieur Roberto.... Si c'étoit lui....

CONSTANCE.

Ah! Dieux!

GEORGINO, *riant.*

Roberto!.... ah, ah, ah!

INÈS.

Quelle discrétion!.... il ne se fait pas connoître.

COMÉDIE.

GEORGINO, *toujours à la fenêtre.*

Mais le brutal frappe & poursuit toujours le malheureux manteau.

CONSTANCE.

J'espère que ce n'est pas.....

GEORGINO.

Ce coquin de Roberto.... ma foi, je n'en serois pas fâché, après tout le mal qu'il a voulu nous faire....

CONSTANCE.

Ah! Georgino, y pensez-vous?

GEORGINO.

Mensonges, impostures, calomnies; je lui pardonnerois tout, s'il n'avoit pas voulu m'ôter votre cœur.... Mais, Constance, vous ne partagez pas la joie qui me transporte.

CONSTANCE.

Je ne suis pas tranquille; je tremble qu'on ne nous surprenne.

INÈS.

Oui, Monsieur, il faut vous retirer... le tems se brouille, d'ailleurs, & vous ferez bien de vous en aller avant la pluie.

GEORGINO.

Eh, que m'importe la pluie, le froid, le chaud!

CONSTANCE.

Georgino, si je vous suis chere....

GEORGINO, *tendrement.*
Constance, si vous m'aimez....

CONSTANCE.
De grace, ne m'exposez pas....

INÈS.
Oui, oui,... essayez de le persuader..... si Monsieur est déterminé à rester.... vous savez bien qu'il est inutile...

GEORGINO.
Vous dites, Mademoiselle....

INÈS.
Je dis, Monsieur, que vous êtes charmant; mais que... lorsque vous avez mis quelque chose dans votre tête, il est un peu mal-aisé de vous faire entendre raison.

CONSTANCE.
Cependant, il seroit de la dernière imprudence....

INÈS.
Paix..... on frappe à la porte de la rue.

CONSTANCE, *à Georgino, avec un peu d'humeur.*
Vous voyez, Monsieur; vous voyez....

INÈS, *à la fenêtre.*
Qui est-ce ?

DON CARLOS, *en dehors.*
Don Carlos.

COMÉDIE.
CONSTANCE.

Mon frere!

INÈS.

Mademoiselle, quel embarras!

GEORGINO.

Point du tout... Je vais lui parler, lui dire mon nom, nos projets....

CONSTANCE, *s'impatientant.*

Il est toujours le même!... Mais songez donc que la lettre de votre oncle n'est seulement pas écrite...

DON CARLOS, *frappant plus fort.*

Hola!

INÈS, *répondant.*

Oui, Monsieur... Cachons-le quelque part... dans cette chambre... elle est fermée... sur ce balcon.... vîte, moi, je descends. (*Elle sort.*)

GEORGINO, *allant au balcon.*

J'y suis.

CONSTANCE, *s'arrêtant.*

Attendez.... (*Elle écoute pour profiter de l'instant où Don Carlos entrera.*) Allez, à présent. (*Il se place sur le balcon.*) Ah! mon Dieu... il commence à pleuvoir.

28   *LA SOIRÉE ORAGEUSE,*

GEORGINO, *lui baisant la main qu'elle avançoit pour sentir la pluie.*

Il fait le plus beau tems du monde.

CONSTANCE, *après avoir poussé la fenêtre sans la fermer tout-à-fait.*

Je suis toute tremblante.

SCENE VII.

CONSTANCE, INÈS, DON CARLOS, GEORGINO, *sur le balcon.*

(*Pendant cette Scène, Constance doit souvent paroître occupée de Georgino.*)

DON CARLOS, *en colere, parlant à la Cantonade.*

AH! mon cher Monsieur, je vous apprendrai... Bon jour, ma sœur. (*Il l'embrasse.*)

CONSTANCE, *un peu émue.*
Mon frere, je vous souhaite bien le bon jour.

DON CARLOS.
Ta santé est bonne?... tant mieux, j'en suis bien aise.

CONSTANCE.
Vous avez fait un bon voyage?

DON CARLOS.
Fort bon.

COMÉDIE.

INÈS.

Monsieur, on ne vous attendoit pas encore.

DON CARLOS.

On ne m'a jamais attendu, & sans l'extrême lenteur des postillons, je serois arrivé un quart-d'heure plutôt.

INÈS, à part.

Pourquoi pas un quart-d'heure plus tard !

DON CARLOS.

Ah ! les impertinens.... Vous avez entendu cette sérénade....tout-à-l'heure.....sous vos fenêtres ?

CONSTANCE.

Oui, mon frere.

DON CARLOS.

Savez-vous qui vous l'a donnée ?

CONSTANCE.

J'ignore si elle s'adressoit à moi.

DON CARLOS.

C'est sans doute l'amant congédié.... ce mauvais sujet contre qui Roberto m'a écrit... Ah ! parbleu... que je le rencontre.

INÈS.

Est-ce que vous étiez-là, Monsieur ?

DON CARLOS.

J'arrivois.

INÈS.

Vous avez dû trouver cette musique....

DON CARLOS.

Détestable.

INÈS.

Les paroles....

DON CARLOS.

Fort déplacées...fort indécentes.

INÈS.

Sans doute.

DON CARLOS.

Ils se sont enfuis...mais, par bonheur, il m'est resté sous la main un certain manteau brun...

INÈS.

Quoi! Monsieur,...c'étoit vous qui....

DON CARLOS.

Je n'ai pas pu voir son visage; mais sûrement c'est l'auteur de la sérénade, & il n'a que ce qu'il mérite.

INÈS, *avec une pitié affectée.*

Ah! Monsieur...

DON CARLOS.

Sous les fenêtres de ma sœur, chanter de pareilles sotises... morbleu!... & encore au moment.... Où est Roberto?

CONSTANCE.

Il vient de sortir.

DON CARLOS.

Je sais, je sais.... (*Il regarde à sa montre*) pas encore six heures... bon ; il n'est point en retard.... Quant à moi, comme je n'aime pas qu'on me fasse attendre, je donne toujours l'exemple de l'exactitude ; & c'est ainsi qu'il faut traiter les affaires.

INÈS, *à Constance, à part*.

Qu'est-ce que cela signifie ?

DON CARLOS.

Ariette.

Toute lenteur m'impatiente;
Je déteste les vains propos,
Et je conclus en quatre mots
L'affaire la plus importante.

Si l'on veut traiter avec moi,
Sans réfléchir qu'on se décide :
L'activité, voilà ma loi ;
 La bonne-foi,
 Voilà mon guide.
Si quelquefois par des méchans
Je suis dupé, je m'en console ;
Et je dis : J'ai fait une école ;
Mais je n'ai pas perdu de tems.

Toute lenteur m'impatiente, &c.

LA SOIRÉE ORAGEUSE,

INÈS, *bas à Constance.*

Ce pauvre Georgino!...Si nous pouvions le faire sortir....

DON CARLOS, *se parlant à lui-même sur le devant de la scène.*

Ah! Monsieur Roberto...Monsieur Roberto... Je me suis pourtant bien expliqué...J'arriverai à six heures; le futur, à sept...Pour celui-là, je crois bien qu'il ne se fera pas attendre. (*Tandis qu'Inès entr'ouvre la porte, Georgino cherche à ouvrir la fenêtre qui n'est que poussée, & fait quelque bruit*). Qu'est-ce que j'entends-là?

INÈS, *courant à la fenêtre.*

Rien, Monsieur.... c'est... le vent.... Cette fenêtre est mal fermée....(*A part*) Il n'y a pas moyen. (*Elle ferme tout-à-fait l'espagnolette. On entend la pluie & le commencement de l'orage.*) Ah! bon Dieu,...il fait un vent...

CONSTANCE.

Ciel!

INÈS.

Une pluie!...

CONSTANCE.

Ah! Dieux!

DON CARLOS.

Que craignez-vous? nous sommes à l'abri.

CONSTANCE.

COMÉDIE.

CONSTANCE.
Tout le monde n'est pas si heureux.

DON CARLOS.
Ah! c'est vrai,.... ce cher amant, par exemple...

INÈS, *à part.*
Ce cher amant!

CONSTANCE, *à part.*
L'auroit-il apperçu!

DON CARLOS, *gaiement, à part.*
Tant mieux, tant mieux... s'il est en chemin, il arrivera plus vîte. (*Haut*) Oh! ce n'est rien que cela.

TRIO qu'un bruit d'orage accompagne.

(*A la lueur des éclairs, on doit voir très-distinctement Georgino sur le balcon. Il rabat son chapeau pour se garantir de la pluie, & se blotit de son mieux dans le coin de la fenêtre.*)

DON CARLOS.
L'amant épris d'amour extrême,
En bon marin, doit hardiment
Braver & la pluie & le vent,
Quand il va voir celle qu'il aime.

Pour un amant tout est égal.

CONSTANCE, INÈS, *à part.*
Sur ce balcon, il est fort mal.

DON CARLOS.
L'éclair brille, rien ne l'arrête.

CONSTANCE, INÈS, à part.
L'éclair brille..... Quelle tempête!

DON CARLOS.
La foudre gronde sur sa tête.

CONSTANCE, INÈS, à part.
La foudre gronde sur sa tête.

DON CARLOS.
C'est un petit mal que cela.

CONSTANCE, INÈS, à part.
C'est un fort grand mal que cela.
Il est là
Fort mal à son aise.

DON CARLOS, à Constance.
Ici nous sommes à notre aise,
Et nous pouvons, ne t'en déplaise,
Rire un peu de ce malheur là.

CONSTANCE.
Permettez-moi, ne vous déplaise,
De ne point rire de cela.
(L'orage augmente.)

DON CARLOS.
Mais l'orage redouble.

CONSTANCE, à part.
Dieux! quel est mon trouble!

CONSTANCE, INÈS, à part.

Hélas! hélas! le malheureux!
Quel tems affreux!

DON CARLOS, avec ironie.

Ah! je le plains... le malheureux!
Quel tems affreux!

DON CARLOS, parlant.

Allons, allons, ma sœur.

DON CARLOS.

L'amant épris d'amour extrême,
En bon marin, doit hardiment
Braver & la pluie & le vent,
Quand il va voir celle qu'il aime.

CONSTANCE, à part.

Peut-être il a vu mon amant.
Ah! je tremble pour ce que j'aime.

INÈS, bas à Constance.

Il n'a pu voir votre amant.
Calmez, calmez ce trouble extrême.

(*L'orage diminue, & pendant les quatre vers suivans, Constance & Inès cherchent à être entendues de Géorgino.*)

DON CARLOS.

Mais qu'il ne perde point courage;
Bientôt le beau tems renaîtra;
Près de sa belle il oubliera
Les vents, la pluie & l'orage.

CONSTANCE, INÈS, à part.

Mais qu'il ne perde point courage;
Bientôt le beau tems renaîtra;
Près de Constance il oubliera
Les vents, la pluie & l'orage.

DON CARLOS, à Constance.

Tu t'impatientes? & moi aussi..... Je vais chez le Notaire.... Je vois bien que si je ne presse pas tous ces gens-là, ton mariage ne sera jamais conclu ce soir. (*Il sort.*)

CONSTANCE.

Mon mariage!

INÈS.

Conclu ce soir!

LA SOIRÉE ORAGEUSE,

CONSTANCE.

Je vois enfin le malheur qui me menace. Mais ouvre vîte cette fenêtre.

SCENE VIII.

CONSTANCE, INÈS, GEORGINO.

INÈS, *ouvrant la fenêtre*.

Allons, venez.

(*Georgino quitte le balcon en secouant son chapeau & son habit tout mouillés de l'averse qu'il vient de recevoir.*)

CONSTANCE.

O ciel! dans quel état...

INÈS.

Il est trempé.

GEORGINO, *tremblant*.

Oh! ce n'est rien.... je n'en ai pas perdu une goutte.

INÈS.

Quel tems!

CONSTANCE.

Il faut pourtant bien qu'il s'en aille....

INÈS, *à la fenêtre*.

Eh! Mademoiselle, la pluie redouble au lieu

COMÉDIE.

de s'appaiser.... (*On l'entend tomber à verse.*) Entendez-vous?.... Il n'est pas possible....

GEORGINO, *câlinant & affectant de grelotter.*

Oh! non....il n'est pas possible....

INÈS.

Le malheureux tremble de tout son corps.

CONSTANCE, *le couvrant de la mante qu'elle portoit en entrant.*

Du moins, prenez ceci,...enveloppez-vous bien.

GEORGINO, *claquant des dents.*

Oh, oh, oh!....Constance, que vous êtes bonne!...(*Il lui baise les mains tandis qu'elle l'affuble.*) Quelle complaisance!

INÈS.

Comme il grelotte!

CONSTANCE.

Il n'en peut plus!

INÈS.

Attendez....J'ai vu sur l'escalier tout ce qu'il faut pour faire du feu.....c'est l'affaire d'un instant.

(*Pendant les couplets suivans, on voit Inès ôter le devant de cheminée, aller chercher & apporter successivement tout ce qui est nécessaire pour avoir du feu: des bûches, un fagot, un bouchon de paille, &c. Constance est occupée à rajuster les cheveux de Georgino & à l'essuyer. A la fin de l'air, la pluie a cessé.*)

GEORGINO.

A I R :

Vous me plaignez, ma tendre amie!
Quels soins touchans! que de bonté!
Que mon destin doit faire envie!
Quelle douce félicité!
Ah! que la fortune inhumaine
A ce prix me fasse souffrir!
Je n'aurai jamais tant de peine
Qu'en ce moment j'ai de plaisir.

Un seul regard de mon amie,
Un seul baiser sur cette main,
Contre tous les maux de la vie
C'est un remede souverain.
Ah! que la fortune inhumaine, &c.

INÈS, *achevant d'apporter ce qu'il faut pour le feu.*

Tout-à-l'heure nous aurons bon feu. (*Elle arrange le bois dans l'âtre.*)

CONSTANCE.

Mais, Monsieur Roberto... mon frere....

GEORGINO.

Votre frere... Eh, quel est donc le motif de son retour?

CONSTANCE.

Hélas ! je ne fais.... Mais j'ai tout à craindre...; Il parle de mariage...

GEORGINO.

De mariage!... & vous pourriez consentir...

CONSTANCE.

Oh! non, jamais...

INÈS, *chiffonant un papier pour l'allumer à la bougie.*

Tout est prêt,....venez vîte.

GEORGINO, *à Constance.*

Vous me promettez donc... (*On entend tousser dans l'escalier.*)

INÈS, *prête à allumer le papier qu'elle a chiffoné.*

Ah! mon Dieu!... on vient...(*On tousse encore.*)

CONSTANCE.

C'est Roberto.

GEORGINO.

Encore!... mais c'est un fort... (*Il se blotit derriere les femmes.*)

SCENE IX.

Les Mêmes, ROBERTO, ANGÉLINO.

(*Les deux femmes se tiennent près de la cheminée, cachant Georgino à Roberto.*)

ANGÉLINO, *après avoir fermé la porte en entrant.*

C'est égal, Monsieur... il y a une chose qui me console.... c'est que celui qui a manqué à Monsieur, quand il verra qu'il s'est trompé... (*riant*) il sera bien attrapé, toujours.

ROBERTO, *de fort mauvaise humeur.*

Peste soit du Notaire.... on ne rencontre jamais ces gens-là.

ANGÉLINO.

Non ; mais on rencontre ceux qu'on ne cherche pas...... Comment vous trouvez-vous, Monsieur ?

ROBERTO, *à voix basse.*

Paix.

ANGÉLINO.

Par hasard, seriez-vous pas blessé ?

ROBERTO, *de même.*

Paix donc.

COMÉDIE.

INÈS, *qui écoutoit, bas à Constance.*

C'étoit lui.

CONSTANCE, *avec regret.*

C'étoit lui !

GEORGINO, *derriere les femmes, riant.*

C'étoit lui.

ANGÉLINO, *se retournant.*

Pardi ! si c'étoit lui....

INÈS, *donnant une tape à Georgino.*

L'étourdi !

(*Pendant la suite des mots entre Roberto & Angélino, Georgino cherche à s'évader ; mais voyant que tout est fermé, il se glisse dans la cheminée sans que les femmes s'en apperçoivent. Ne le voyant plus, elles le cherchent ; il avance le bras, & leur fait voir qu'il est là ; Constance paroît inquiette, & Inès la rassure.*)

ANGÉLINO, *prenant le manteau de son maître, & le secouant avec affectation.*

N'est-ce pas bien jouer de malheur !... un homme à qui l'on ne dit rien, & qui justement vient vous choisir pour.... Oh ! mon Dieu, mon Dieu... peut-on être brutal....

ROBERTO, *rêvassant.*

Il est vrai que c'est une aventure....

ANGELINO.

Ce n'est pas là l'embarras.... Si ce n'avoit pas été Monsieur qui... (*riant*) ça m'auroit bien amusé, moi.

ROBERTO.

Non, je n'ai jamais vu....

ANGÉLINO.

Oh! non, je n'ai jamais vu frapper si fort.

ROBERTO.

L'insolent !

ANGÉLINO.

C'est que c'est dangereux, les coups sur la tête.... Pas vrai, Monsieur, qu'il y en a eu sur la tête?

ROBERTO, *brusquement à Angélino.*

Sortez.

ANGÉLINO.

Les Musiciens n'ont pas été aussi endurans que Monsieur. Ils ont porté leur plainte chez l'Alcade.... on cherche l'homme, & peut-être bien que... Mais comme il y alloit donc... eh vli... eh vlan.... (*Il fait le geste du bâton.*)

ROBERTO, *voyant les mouvemens d'Angélino.*

Va-t-en donc... où je t'ai dit... & dépêche-toi de revenir.

COMÉDIE.

ANGÉLINO.

Oui, Monsieur.... (*Il fait quelques pas, s'arrête, & dit à part.*) Ça lui fait peut-être de la peine.... (*A Roberto en confidence.*) Faut pas parler de ça, n'est-ce pas, Monsieur ?

ROBERTO, *s'efforçant de retenir sa colere.*

Sortiras-tu ?

ANGÉLINO, *tristement.*

Quel dommage ! Monsieur étoit si gai !.... (*Pleurant presque.*) Il sembloit que Monsieur se doutoit de ça.

ROBERTO, *le mettant dehors par les épaules.*

Mais veux-tu bien t'en aller.... Le sot !....

SCENE X.

Les Mêmes, excepté ANGÉLINO.

ROBERTO, *à part.*

Dissimulons pourtant, & qu'on ignore, s'il est possible, cette malheureuse aventure... (*Il aborde Constance, en s'efforçant de prendre un air gracieux.*) Est-ce que Don Carlos n'est pas arrivé ?

LA SOIRÉE ORAGEUSE,

CONSTANCE.

Pardonnez-moi, Monsieur.... mais voyant que vous ne reveniez pas, il est allé vous chercher.

INÈS.

Peut-être il attendra.... Si Monsieur alloit le rejoindre....

ROBERTO.

Que je sorte encore.... du tems affreux qu'il fait... oh! non... non... l'impatience de Don Carlos le ramenera bientôt ici....

CONSTANCE, *à part, à Inès.*

Comment donc faire ?

ROBERTO.

Quant à moi.... harassé de fatigue.... irrité par mille... contradictions....

INÈS, *à part.*

Je le crois bien.

ROBERTO.

Mouillé... transi de froid... j'aurois bien plutôt besoin... de me réchauffer.

CONSTANCE, INÈS, *à part, avec effroi.*

Ah! mon Dieu....

ROBERTO, *conduisant Inès, en lui parlant, près de la cheminée.*

Inès.... pourrois-je espérer de votre complaisance.... (*En lui indiquant la cheminée, il apperçoit les apprêts du feu.*) Oh! pour celui-là, ma chère Inès, on n'est pas plus aimable.

INÈS, *avec inquiétude.*

Pourquoi donc, Monsieur?

ROBERTO.

Quelle attention!... quelle prévoyance!... vous avez pensé...... vous avez jugé qu'à mon retour je serois bien aise de trouver du feu...

INÈS, *toute tremblante.*

Moi... point du tout, Monsieur....

ROBERTO.

Pardonnez-moi... c'est charmant... & je vous assure que j'en suis bien reconnoissant.

INÈS, *tremblant toujours.*

Vous ne me devez rien,... Monsieur.... n'entendez-vous pas du bruit?

ROBERTO, *écoutant.*

Non, non....

INÈS.

Monsieur, j'en suis certaine, &....

ROBERTO, *regardant la cheminée.*

Voilà justement tout ce qu'il faut... & moi-même avec cette bougie, je vais.....

CONSTANCE, *vivement.*

Monsieur, qu'allez-vous faire ?

ROBERTO, *prenant une bougie à l'une des girandoles.*

Parbleu, je vais allumer....

CONSTANCE, *très-effrayée.*

Arrêtez.

ROBERTO, *tenant la bougie.*

Non, vraiment.

CONSTANCE, INÈS, *le retenant comme il se baisse pour mettre le feu au fagot.*

Monsieur, de grace, arrêtez.

ROBERTO, *surpris.*

D'où vient cet effroi ?

CONSTANCE, *aux genoux de Roberto.*

Monsieur....

ROBERTO.

Parlez.

CONSTANCE.

Monsieur, je dois vous dire....;

INÈS.

Oui, Monsieur....

ROBERTO.

Achevez....

COMÉDIE.

CONSTANCE.

Tantôt... pendant votre abſence.

INÈS.

Oui, Monſieur. tantôt....

ROBERTO, *avec impatience.*

Eh bien... parlerez-vous... tantôt....

INÈS, *faiſant obſerver à Roberto les Gardes qui entrent.*

Tenez, Monſieur.... (*Elle lui prend la bougie.*)

CONSTANCE.

Ah, je reſpire.

━━━━━━━━━━━━━━━━━━

SCENE XI.

Les Mêmes, ALGUAZILS.

ROBERTO, *aux Alguazils.*

Que voulez-vous, Meſſieurs?

LE CHEF DES ALGUAZILS.

Morceau de Muſique.

Un homme en ces lieux s'eſt enfui;
Livrez cet homme à la Juſtice.

LA SOIRÉE ORAGEUSE,

ROBERTO.

Vous vous trompez.

LES ALGUAZILS.

Il est ici.

ROBERTO.

Personne ici
Ne s'est enfui.

LES ALGUAZILS.

Obéissez à la Justice.

INÈS, *à part ; à Constance.*

Don Carlos est assurément
Celui que cherche la Justice.

CONSTANCE, *à part.*

Du moins ce contre-tems propice
Suspend ma crainte & mon tourment.

LES ALGUAZILS.

Livrez cet homme à la Justice.

ROBERTO.

Eh ! laissez-nous.

LES ALGUAZILS.

Il est chez vous.

(*Les Gardes cherchent dans tous les coins de l'appartement, & parlent bas entr'eux.*)

ROBERTO,

ROBERTO, *prenant Constance en particulier.*

Et vous, daignez m'instruire....
Qu'aviez-vous à me dire ?

CONSTANCE, *bas à Inès.*

Je ne sais que lui dire.

ROBERTO.

Ah ! je prétends savoir pourquoi
Vous éprouviez un tel effroi.

LES ALGUAZILS *entr'eux.*

On nous abuse assurément :
On parle bas avec mystere.

ROBERTO, *à Constance.*

Ah! je prétends assurément
Savoir quel étoit ce mystere.

CONSTANCE, *bas à Inès.*

Ah ! que répondre en ce moment...
Que dire pour le satisfaire ?

INÈS, *bas à Constance.*

Ne craignez rien, en ce moment,
Je prétends vous tirer d'affaire.

LES ALGUAZILS.

Nous le savons :
L'homme est chez vous.
Obéissez à la Justice.

ROBERTO.

Retirez-vous,
Et laissez-nous.
Eh ! qu'ai-je à faire à la Justice ?

D

INÈS, *bas à Constance.*

Allez, allez, rassurez-vous,
Ce contre-tems nous est propice.

CONSTANCE, *bas à Inès.*

Explique-toi. Comment pour nous
Ce contre-tems est-il propice ?

ROBERTO, *revenant à Constance.*

Eh bien, parlez... parlez, Constance....
Vous disiez donc que... pendant mon absence....

INÈS, *bas à Roberto, & cherchant à être entendue des Alguazils, qu'elle observe du coin de l'œil, & qui s'approchent doucement pour écouter.*

Eh oui, Monsieur... en votre absence...
Elle craignoit que... sous quelque apparence...
On ne vous soupçonnât...
On ne vous accusât
D'avoir, par jalousie,
Dans votre frénésie,
Frappé d'honnêtes gens,
Brisé les instrumens,
Et, par cette incartade,
Troublé la sérénade
Que l'on donnoit céans.

LES ALGUAZILS.

C'est lui, c'est lui... Monsieur, le coupable, c'est vous.
Devant l'Alcade suivez-nous.

ROBERTO, *stupéfait.*

Ah ! voici bien une autre affaire !

CONSTANCE, *bas à Inès.*
Quelle histoire viens-tu de faire !
INÈS, *bas à Constance.*
Ces gens-là vont nous en défaire.
LES ALGUAZILS, *entr'eux.*
Voilà pourquoi, tout bas ici,
Chacun parloit avec mystere.
ROBERTO, *aux Alguazils.*
Messieurs, l'Alcade est mon ami,
Je vais arranger cette affaire.
INÈS, *à Roberto.*
Pour bien arranger tout ceci,
Votre sortie est nécessaire.
CONSTANCE, *à part.*
Je conviens qu'en ce moment-ci
Sa sortie est très-nécessaire.
LES ALGUAZILS.
Allons, Monsieur, & dans l'instant
Obéissez à la Justice.
ROBERTO, *aux Alguazils.*
Chez mon ami, dans un instant,
Vous connoîtrez votre injustice.
INÈS, *bas à Constance.*
Vous le voyez, en ce moment,
Ce contre-tems nous est propice.
CONSTANCE, *voyant emmener Roberto.*
Ah ! j'ai bien du regret pourtant,
Qu'il éprouve cette injustice.

SCENE XII.
CONSTANCE, INÈS, GEORGINO.

CONSTANCE.

JE suis à peine revenue de ma frayeur.....
J'aurois tout avoué pour sauver Georgino du péril
qui le menaçoit.... (*A Inès, qui est à la
fenêtre pour voir emmener Roberto.*) Eh bien !

INÈS.

Ils s'en vont.

GEORGINO, *dans la cheminée.*

Sont-ils partis ?

INÈS.

Oui, venez.

CONSTANCE.

Quel danger il a couru !

GEORGINO, *sortant de la cheminée.*

Ouf !... je l'ai échappé belle.... Ah !
mon Dieu.... la pluye, le vent, le feu....

INÈS, *lui ôtant la mante dont il étoit affublé.*

Allons, allons.... vite, sauvez-vous.....

GEORGINO.

Je crois en vérité que tous les élémens sont
aujourd'hui déchaînés contre moi.

SCENE XIII.

LES Mêmes, DON CARLOS, un Notaire.

DON CARLOS, *du fond du Théâtre.*

Fort bien, jeune homme.

CONSTANCE, INÈS, GEORGINO.

O Ciel!

DON CARLOS, *après avoir fait signe au Notaire de se placer à une table qui est sur le devant de la Scene.*

Exact au rendez-vous.... je devois m'y attendre... Un Amant... (*A part.*) Je ne le croyois pas si jeune... mais, choisi par Roberto.... je dois croire...... (*Abordant Georgino.*) Monsieur....

GEORGINO, *embarrassé.*

Monsieur....

DON CARLOS.

Je suis bien flatté......

GEORGINO, *plus embarrassé.*

Monsieur....

DON CARLOS.

De l'honneur que vous nous faites.

GEORGINO, *encore plus embarrassé.*

Monsieur.... (*A part.*) Que veut-il dire ?

DON CARLOS.

Ah ça, mais... l'heure est passée, & Roberto... où donc est-il ?

INÈS.

Monsieur, vous arrivez bien à propos.... On l'accuse d'avoir battu des Musiciens, & des Gardes l'ont arrêté... l'ont entraîné....

DON CARLOS, *riant.*

Arrêté pour cela !... c'est une injustice, & je ne souffrirai pas....

INÈS.

L'Alcade est de ses amis, & avec votre secours, on pourroit espérer de le revoir bientôt.

DON CARLOS.

Oui, parbleu.... cette affaire me regarde, & j'y cours à l'instant... Mon pauvre Roberto !

(*Il va pour sortir & rencontre Angélino.*)

SCENE XIV.

Les Mêmes, ANGÉLINO.

ANGÉLINO, *reculant de surprise, à la vue de Don Carlos.*

Ah! mon Dieu!....

DON CARLOS.

Qu'est-ce?

ANGÉLINO, *n'osant approcher.*

Ah! mon Dieu!... est-ce que Monsieur seroit Don Carlos?

DON CARLOS.

Oui.

ANGÉLINO, *à part.*

Ah, comme il ressemble....

DON CARLOS, *s'impatientant.*

Eh bien!

ANGÉLINO, *à part.*

C'est lui.

DON CARLOS, *le prenant par le bras, & le faisant avancer.*

Parleras-tu?

ANGÉLINO, *se tenant un peu loin de Don Carlos.*

Monsieur.... c'est que... j'ai rencontré mon maître qui entroit chez l'Alcade, & qui m'a dit, dit-il, Angélino, lorsque Don Carlos sera de retour à la maison, je te prie de lui dire que.... je le prie de ne pas s'impatienter.... si le Notaire vient, qu'il commence toujours... je ne me ferai pas attendre.... le Futur arrivera aussitôt que moi.

DON CARLOS.

Oh! le Futur l'a devancé, & le contrat est tout prêt... mais au reste... puisque Constance, l'Amant, le frere & le Notaire sont ici.... je ne vois rien qui puisse nous empêcher de terminer....

INÈS.

Mais sûrement, Monsieur.

DON CARLOS.

Il est bien juste, pendant que Roberto fait ma besogne, que je fasse la sienne.

CONSTANCE.

Mon frere....

DON CARLOS.

Eh bien, mon frere... allez-vous faire des difficultés... N'aimez-vous pas Monsieur?

CONSTANCE.

Mon frere.....

DON CARLOS, à *Georgino.*

N'aimez-vous pas ma sœur?

GEORGINO.

Ah! Monsieur.... je l'adore, & tout mon desir est....

DON CARLOS.

D'être son époux? je le sais, & je ne suis venu que pour cela.

INÈS.

C'est bien heureux.

ANGÉLINO, *tout étonné.*

Ah! ah!

CONSTANCE.

Quoi! mon frere, je vous devrois....

DON CARLOS.

Ton bonheur, je l'espere.

GEORGINO.

Monsieur, ma famille....

DON CARLOS.

Est connue de Roberto.... Il répond de vous....

GEORGINO, *à part, très-étonné.*

Il répond de moi!

INÈS, *faisant un signe à Georgino.*

Oui, Monsieur, il répond de vous.

DON CARLOS

Je m'en rapporte entiérement à mon ami.

ANGÉLINO, *à part.*

Son ami!... Diantre... si c'est comme ça qu'il les arrange....

DON CARLOS.

Il vous a dit mes intentions à l'égard de la dot?... elles vous conviennent?

GEORGINO.

Ah! Monsieur....

DON CARLOS.

Fort bien.... dictez donc au Notaire, & signons.

GEORGINO, *courant au Notaire.*

De tout mon cœur.

ANGÉLINO, *à part.*

Eh bien, ça ne va pas mal... mon pauvre maître!... la soirée finira pour lui comme elle a commencé.

DON CARLOS, *à qui Georgino présente le contrat & la plume.*

Il est bien vif.

INÈS.

Il est pressé.

COMÉDIE.
DON CARLOS, *signant.*
Pressé,... tant mieux, tant mieux.
GEORGINO, *à part.*
Je n'y comprends rien.
CONSTANCE, *à part.*
Il y a ici du mal entendu. (*Elle signe.*)
INÈS, *bas à Constance & à Georgino.*
Profitez-en.
GEORGINO, *à part, en signant.*
Profitons-en.
DON CARLOS.
C'est pourtant fâcheux que ce pauvre diable de Roberto... au reste, (*montrant le contrat.*) il sera bien consolé quand il verra tout ce que nous avons fait.
INÈS.
Il sera enchanté.
ANGÉLINO.
Pardi... il faudroit qu'il fût bien difficile.
DON CARLOS.
FINALE.
C'est charmant ; pendant son absence
Nous n'avons pas perdu de tems,
Et l'hymen s'est conclu céans
Tout aussi-bien qu'en sa présence.
CONSTANCE, INÈS, GEORGINO, ANGÉLINO.
C'est charmant ; pendant son absence
Nous n'avons pas perdu de tems,

LA SOIRÉE ORAGEUSE;

Et tout s'est arrangé céans
Mille fois mieux qu'en sa présence.

DON CARLOS.

Mais pourtant il ne revient pas!
Je dois le tirer d'embarras.
  (riant.)
Je suis sûr de son innocence.

INÈS.

Monsieur, je le vois qui s'avance.

SCENE XV ET DERNIERE.

Les Mêmes, ROBERTO.

DON CARLOS, ROBERTO.

Embrassons-nous, mon cher ami...
Quel plaisir de te voir ici!

DON CARLOS.

Une fâcheuse circonstance
Te retenoit hors d'ici.

ROBERTO.

N'en parlons plus... tout est fini...
  (à part.)
O ciel!... Georgino!

DON CARLOS.

   Mon ami,
Pendant ton absence
Nous n'avons pas perdu de tems,

COMÉDIE.

Et l'hymen s'est conclu céans
Tout aussi-bien qu'en ta présence.

ROBERTO.

Que dites-vous?...

DON CARLOS.

Bien exact, à l'heure précise,
(Montrant Georgino).
Monsieur étoit au rendez-vous.
A présent... (montrant Constance) il est son
époux.

ROBERTO.

A présent, il est son époux !...
(A part.)
Ah ! juste Ciel !... quelle méprise !
(A Georgino.)
Comment, c'est vous !

GEORGINO, CONSTANCE, INÈS.

Oui, Monsieur, pendant votre absence,
Nous n'avons pas perdu de tems,
Et tout s'est arrangé céans
Beaucoup mieux qu'en votre présence.

ROBERTO, à part.

Il faut dévorer mon courroux...

DON CARLOS.

N'es-tu pas bien content de nous?

ROBERTO, retenant sa colere.

Ah ! je suis fort content de vous.

LA SOIRÉE ORAGEUSE

GEORGINO, CONSTANCE, INÈS, ANGÉLINO,
à part.

Il doit se taire par prudence.

ROBERTO, *à part.*

L'Amour comble son espérance,
Et je ferois de vains efforts
Pour obtenir la préférence...
Ah ! du moins, réparons mes torts.

DON CARLOS, *à Roberto.*

Je te dois un remerciment.
Ce jeune homme est vraiment
Charmant.

ROBERTO, *se contraignant.*

Oh ! oui, vraiment,
Il est charmant.

DON CARLOS.

Et malgré sa grande jeunesse....

ROBERTO.

Je te réponds de sa tendresse...

DON CARLOS.

Offert par mon ami, je crois...

ROBERTO.

Sois sûr que c'est un fort bon choix.

GEORGINO, *à Roberto.*

Ah ! Monsieur..., ma reconnoissance...

ROBERTO, *le prenant à part.*

Faites le bonheur de Constance...
Oubliez mes torts envers vous.

CHŒUR.

CONSTANCE, GEORGINO.	DON CARLOS, ROBERTO, INÈS, ANGÉLINO.
Livrons-nous à la tendresse,	Livrez-vous à la tendresse,
Heureux Amans, heureux époux:	Heureux Amans, heureux époux:
Jouissons du sort le plus doux ;	Jouissez du sort le plus doux ;
Que votre amour dure sans cesse.	Que votre amour dure sans cesse.

VAUDEVILLE.

ROBERTO.

Vieillard qui d'amour est épris
S'expose à plus d'une tempête :
Que de nuages rembrunis
Sont prêts à fondre sur sa tête !
Mais au moment de s'engager,
Que sa destinée est heureuse,
S'il est quitte d'un tel danger
Pour une soirée orageuse.

GEORGINO.

Pour moi, sans crainte, sans chagrin,
Gaîment j'entreprends le voyage,
Et je prévois un tems serein,
Un vent frais, un ciel sans nuage.
Avec l'objet de mes amours,
La route ne peut qu'être heureuse.
Que je vais compter de beaux jours
Pour une soirée orageuse !

CONSTANCE.

Sans crainte au matin d'un beau jour,
Sur l'onde on expose sa vie :
Souvent c'est de même en amour ;

Au calme trompeur on se fie:
Mais le tems se brouille d'abord;
La route devient périlleuse.
Heureux qui peut toucher au port
Malgré la soirée orageuse.

ANGÉLINO.

Ma foi, je le dis sans détour,
Je n'aime en aucun tems l'orage:
Mais sur-tout à la fin du jour,
Ah! comme je crains le tapage!
L'horrible sifflement des vents
Me cause une frayeur affreuse,
Et je tremble de tous mes sens
Quand la soirée est orageuse.

INÈS, *au Public.*

Lorsqu'en ces lieux nous voyageons
Le Parterre est notre boussole;
Et ce que là nous observons,
Nous réjouit ou nous désole.
Messieurs, si vous êtes contens,
L'entreprise n'est pas douteuse,
Et nous sommes sûrs du beau tems
Malgré la soirée orageuse.

FIN.

Lu & approuvé pour la représentation. A Paris, le 10 Mai 1790. *Signé*, SUARD.

Vu l'Approbation, permis de représenter. A Paris, ce 21 Mai 1790. *Signé*, BAILLY.

De l'Imprimerie de CHARDON, rue de la Harpe.

www.ingramcontent.com/pod-product-compliance
Lightning Source LLC
LaVergne TN
LVHW022123080426
835511LV00007B/987